AF143443

RECUEIL DE POESIES.

Le jour de l'espoir.

La nuit vient de tomber
sur mon corps fatigué
je reste là, assis
et l'air se refroidit.

La vigne s'assombrit
dans mon cœur, la nuit, surgis
mon grand désespoir
s'agrandit dans le noir.

Aux dernières heures de la nuit
l'espoir en moi surgit
le jour sera bientôt là
et soignera mon corps las.

Les rayons de ce nouveau jour
ravive des flammes en moi
l'inspiration et l'amour
que je ne croyais plus en moi.

La plume dans ma main s'agite
les multiples pages m'attendent
en mon esprit, l'inspiration s'invite
et tous mes sentiments m'attendent.

Littérature.

Entre mes draps
je te serre dans mes bras.
La nuit pourra essayer
mais jamais ne pourra nous séparer.

Je me tourne et avec bonheur
je renifle ton odeur
tu sens l'encre et le papier
et pour toujours, je vais t'aimer.

Toutes ces histoires
que tu me racontes le soir
sont vraiment irréel
mais ce sont les plus belles.

Du bout des doigts, je touche ta peau
j'arrive à sentir ton cœur
ce son est si beau
c'est un véritable bonheur.

J'éteins la lumière
grâce à toi, je vais bien rêver
car tu es celui que je préfère
mon livre, tant aimer.

Le voleur de bonheur.

Je suis un esprit du sommeil
et lorsque je flotte dans le ciel
j'aime voir les couples d'amoureux
se disputer entre eux.

Car dans la nuit
au plus profond de leurs lits
je m'introduis dans leurs rêves bleus
afin de distiller la jalousie en eux.

Je n'aime pas l'amour
ni tous ses beaux atours
car je suis le voleur de bonheur
et jamais l'amour ne sera dans mon cœur.

Aux hommes, je fais rêver
que je vole un baiser à leur fiancé
et à leurs réveils
ils sont sur de m'avoir croisé la veille.

Aux femmes, j'apparais le jour
sous mes plus beaux atours
et quand vient la nuit
elles rêvent de moi dans leurs lits.

Mais une nuit venue
au coin de la rue, je l'ai aperçu
cette fille qui rayonnait de bonheur
et qui a réveillé mon cœur.

Je n'aimais pas l'amour
ni tous ses beaux atours
car j'étais le voleur de bonheur
et l'amour a pénétré mon cœur.

La princesse de l'éternel.

Il faisait nuit et je n'avais pas envie
de dormir alors je suis sortie
dans les champs, j'ai marché
c'est là que tu t'es approché.

Sous le ciel étoilé
tu m'as souri
je croyais rêver
alors tu m'as dit.

Je viens du ciel
je suis la princesse de l'éternel
et malgré mes obligations
je voudrais vivre une vraie passion.

Moi quelque peu hébété
par tant de beauté
je ne savais pas quoi dire
je n'arrivais plus à réfléchir.

Alors tu t'es approchée
tu m'as embrassé
car tu voulais juste apprécier
le goût d'un doux baiser.

Tu viens du ciel
tu es une princesse de l'éternel
et malgré tes obligations
tu voulais vivre une vraie passion.

Depuis longtemps, tu es repartie
mais sache que toutes les nuits
je scrute le ciel
à la recherche de ta beauté éternelle.

La fille aux cheveux d'argent.

Il était une nuit
dans une vie tranquille
où rêvait une jeune fille
d'un garçon aux cheveux bleu nuit.

Elle l'a rencontré un jour
au détour d'un carrefour
il recherchait le grand amour
et elle savait qu'elle l'aimerait toujours.

Dans les yeux, ils se sont contemplés
le garçon aux cheveux bleu nuit
et la fille aux cheveux argentés
et tous les deux vont s'aimer pour la vie.

La nuit suivante à sa fenêtre
elle rêvait de le voir apparaître
en silence, il apparut
révélé par la lumière de la rue.

Ils se sont aimés toute la nuit
au matin, il était reparti
ses raisons, elle les ignorait
mais elle savait qu'il reviendrait.

La lune et la nuit ont enfin trouvé
cet amour qu'ils ont tant recherché
et même séparé par le jour ensoleillé
jamais leurs cœurs ne pourront se séparer.

Dans les bras de Morphée.

Notre appartement, tu as quitté
au loin, tu es allé
le silence du lieu m'entoure déjà
et il me prend dans ses bras.

Lui et moi sommes seuls cette nuit
mais ce n'est pas lui
qui toutes les nuits
va nourrir mon ennui.

C'est ton silence
c'est ton absence
qui me détruis
toutes les nuits.

Je n'ai pas su te retenir
c'est ce qui m'a fait souffrir
et quand je ferme les yeux
Morphée m'emmène où je veux.

Toujours près de toi
avant que tu n'aies quitté mes bras
dans mes rêves là-bas laisse moi
encore une fois, te serrer dans mes bras.

Je finirais bien par t'oublier
et le soleil pour moi pourra briller
et pour chaque amour terminé
un autre finira par commencer.

Le garçon rêveur.

C'était un garçon rêveur
absolument pas charmeur
mais lorsqu'il se prenait à rêver
il entrait dans un monde ensorcelé.

Un monde enchanté
où tout pouvait se réaliser
qu'il serait un héros
où le ciel serait toujours beau.

Mais l'amour, il ne le trouvera pas
dans un monde comme celui-là
l'amour est une quête
qu'il devra mener hors de sa tête.

Dans ce monde enchanté
il a fini par croiser
une jeune fille aux yeux dorée
amoureux, il en est tombé.

Mais ce n'est qu'une belle image
rien de plus qu'un mirage
il essaye d'oublier
ce monde enchanté.

Car l'amour, il ne le trouvera pas
dans un monde comme celui-là
l'amour est une quête
qu'il devra mener hors de sa tête.

Dans la rue, il a croisé
une jeune fille aux cheveux dorée
tout deux, se sont retournés
leur amour vient de commencer.

Amour mortel.

Son beau visage potelé
me faisait tant rêver
que lorsque je l'ai embrassé
j'ai bien cru m'envoler.

Son emprise si ardente
fais disparaître ma tête
moi si frêle et maigrichon
je disparus entre ses melons.

Elle était bien ronde
ma belle, ma belle
elle était bien ronde
ma belle Isabelle.

Ses bras comme des cuisses
m'enserrait tellement fort
avant que je ne m'évanouisse
je vis s'approcher la mort.

Mais avant que la mort ne vienne
j'aimerais qu'elle se souvienne
que mon amour pour elle
sera toujours éternel.

L'amour en continu.

Si la fin du monde arrivait
est ce que tu m'aimerais ?
Encore une fois
comme autrefois.

Reviens vers moi demain matin
et je te prendrais par la main
et j'oublierais ces moments de peine
et je me souviendrais que je t'aime.

Pour un autre que moi, tu es partie
mais ça n'a pas duré plus d'une nuit
et tu hésites à revenir
mais c'est avec toi que je vois l'avenir.

Le monde ne s'est pas embrasé
mais nos deux cœurs se sont embrasés
hier comme aujourd'hui
je t'aimerais toute ma vie.

Tu ne tiens pas en place
et tu reviens ici
je garderais toujours ta place
dans mon cœur, et ce, toute ma vie.

Ce matin, aussi, tu es revenu
tu m'as souri, dès que je t'ai vu
à ton regard, j'ai compris
que nous deux, c'est pour la vie.

L'écrivain.

C'est l'histoire d'un écrivain raté
qui fut pourtant édité
à ses dépens, il a compris
que les gens ne voulais pas de lui.

Ses textes admirables trop court
ne plaisais pas à la cour
car ils préféraient la quantité
à la sublime qualité.

Mais lui voulais faire rêver
sans être obligé
à faire s'ennuyer
ses lecteurs passionnés.

Car la cour préfère des pavés
à quelques phrases bien tournées
la bêtise et la médiocrité
à un texte qui fait rêver.

Alors que le lecteur
préfère le bonheur
d'un livre sans ennui
et qui les fera rêver toute leur vie.

Il finira bien par trouver
ceux qui vont l'aimer
lui et ses textes radieux
qui rendent les gens heureux.

L'arrivée de Mazen.

J'ai ouvert les yeux
et je vis un ciel bleu
totalement différent du mien
celui que je voyais chaque matin.

Rouge, sont mes yeux
cela vous semble curieux
ici, le soleil brille dans les cieux
mais cela ne semble pas vous rendre heureux.

Je viens d'un monde
ou le soleil sombre
et la nuit va l'entourer
pour le reste de l'éternité.

Alors que je cherchais mon chemin
pour retrouver les miens
j'ai trouvé le bonheur
dans ce monde en couleur.

Alors j'ai arrêté de chercher
le moyen de rentrer
et mes yeux émerveillés
face à se monde presque enchanté.

Tant de beauté dans ce monde ignoré
par ceux qui y sont nés
maintenant, je vais chercher
la personne qui pourrait m'aimer.

Et qui avec moi pourrait contempler
se monde plein de nature
et même les cités sont pleines de verdure
et qui par ce soleil est illuminée.

Mazen 1.

Mazen est un garçon que j'ai connu
alors que je marchais dans la rue
il m'a conté son histoire
ses peines et ses espoirs.

Il me disait doucement
qu'il aimerait être aimé tendrement
je le pris dans mes bras
et je lui dit tout bas.

Mazen t'est comme un frère pour moi
ton nom, résonne comme mon cœur autrefois
et c'est toi qui m'a réveillé
de cette torpeur où je m'étaie enfermé.

Les semaines on passé
et il a fini par partir
j'aurais aimé lui dire
que je ne pourrais pas l'oublier.

Mazen ne s'est plus montré
j'aurai pourtant aimé
encore pouvoir lui parler
et aussi, vous le présentez.

Mazen, s'il te plaît, reviens
je te prendrais par la main
et je pourrais te dire enfin
ce que j'aurai dû te dire chaque matin.

Mazen…

Mazen 2.

Il avançait au milieu de la foule
je l'ai reconnu enfin mon cœur bouge
Mazen et ses yeux rouges
il était là au milieu de la foule.

Sans bruit, je m'avance vers lui
il se tourne, il me sourit
il me prend par la main
enfin, je me sens bien.

Comment te dire, je t'aime
comment ne plus souffrir
comment te faire dire, je t'aime
comment te faire comprendre d'un sourire.

En voyant tes yeux bleus
mon cœur semble aller mieux
malgré ton esprit fleur bleu
je sais que c'est sérieux.

Le soleil, j'ai à peine aperçu
que tu m'as pris par la main
tu m'aimes, mais tu n'as pas su
le dire encore, ce matin.

Comment te faire dire, je t'aime
comment te faire comprendre d'un sourire.
comment te dire, je t'aime
comment ne plus souffrir

Le soleil à l'horizon se couche
et je pose mes lèvres sur ta bouche
on se serre dans nos bras
et tu me le dit tout bas.

Mazen 3.

Mazen parle moi, raconte moi
ce que ça fait de vivre là-bas
dans un monde qui ne ressemble en rien
à ce qui est ici et à qui je tiens.

Tes cités aux mille lumières
que jamais le soleil n'éclairent
hormis d'une faible lueur rouge
est-il aussi sombre que tes yeux rouges.

Et quand la plaine se voile
de plusieurs millions d'étoiles
que tes yeux contemple le ciel
te tournes-tu aussi vers elle.

On reste là allongé tous les deux
attendant que le ciel redevienne bleu
et malgré le bonheur de nos deux cœurs
je te vois tourmenté par la peur.

Qu'un jour peut être, tu repartiras
et que sans le vouloir, tu me quitteras
et si un jour, tu n'es plus là
sache que je ne pleurais pas.

Car si je suis seul au réveil
la nuit, je contemplerais les cieux
je trouverais ton étoile des yeux
et je mettrais le cap vers ton soleil.

Le chat noir.

Je ne suis qu'un chat noir
qui se promène dans les rues le soir
et si seulement vous pouviez savoir
ce que mes yeux peuvent voir.

Parmi les nombreux étages
une femme fait son ménage
une autre fait une scène de ménage
et un homme pleure sa guitare en gage.

Et comme chaque soir
je me rends sur ce toit
ou elle n'attend que moi
et je veux combler tous ses espoirs.

C'est la plus belle
avec ses cuisses de velours
et chaque soir elle
me montre ses beaux atours.

Elle sait comment m'amadouer
et de ses longs doigts effilés
elle tient une bouteille
qui remplira mon écuelle ?

Ses doigts parcourent mon dos lentement
alors que le lait s'écoule doucement
mon ronronnement la fait sourire
j'espère ne jamais la faire souffrir.

La beauté de la différence.

La beauté et la bonté
sont rarement récompensé
dans ce monde, alors que la médiocrité
et la bêtise, elles seront toujours acclamées.

Aujourd'hui comme hier
je fais tout pour te plaire
et je ne pourrais pas oublier
tout ces doux moments passés.

Vous aimez la différence
mais chez les autres
regardez-vous, vous n'êtes pas les autres
chacun a ses différences.

Tu préfères l'autre car il est beau
alors que lui n'a rien dans le cerveau
je ne suis pas un prix de beauté
mais j'ai tellement de qualités.

Je ne cherche plus à te plaire
car tu es comme tes pairs
vous vous moquez, vous me méprisez
pourtant être comme moi, vous en rêvez.

Car je suis unique
et cela vous panique
que je montre mes différences
et en vers vous une légère déférence.

L'amour d'une rose.

C'est au creux d'une lagune
un soir de pleine lune
que je la vis s'approcher
en silence, elle s'est agenouillée.

Mes yeux embués
face à tant de beauté
mes lèvres ne pouvaient plus bouger
et mon cœur s'est embrasé.

Les vagues silencieuses
heurtait un champ de roses
planté sur la dune
et elles étaient illuminées par la lune.

Alors que je la regardais dans les yeux
elle me prit la main
et elle me dit d'un air sérieux
aime-moi jusqu'à demain.

Sans souffler mot, je l'ai embrassé
et je me suis mis à espérer
que cet amour pourrais durer
pour toute l'éternité.

Au matin, j'ai ouvert les yeux
et le soleil brillait dans les cieux
je voulus la contempler
mais il n'y avait plus, qu'une rose dorée.

Un amour caché.

Si tu as peur de nos âges
et même un peu de l'orage
n'en soit pas fâché
si je continue de t'aimer.

Lorsque l'on s'est rencontré
tu as cru à la main du destin
au début, tu n'as pas osé
alors qu'on était seul chaque matin.

Tu continues d'aller au lycée
alors que moi, je fuis la réalité
en voulant être un artiste comblé
pour satisfaire toutes tes pensées.

Et depuis qu'on s'est embrassé
on ne s'est plus quitté
même si dans la rue
tu as peur que l'on soit vu.

Et même si cela me fait sourire
ta gêne parfois me fait souffrir
mais une fois seul tout les deux
je te vois déjà aller mieux.

Je dois te le dire encore une fois
cette différence ne me gêne pas
alors je te le dis encore une fois
je t'aime, alors ne t'en va pas.

L'amour en secret.

Je n'oublierais jamais ta chaleur
ni même ta douceur
lorsque tu touchais ma peau
et que mes doigts parcourait ta peau.

C'est toi qui m'as trouvé
et qui m'a enseigné
le vrai bonheur
qui se cache dans nos cœurs.

Et lorsque le soir approchait
tu n'as jamais été surpris
à chaque fois que je te disais
reste avec moi cette nuit.

Quand je n'osais pas
tu m'embrassais les doigts
et tu me disais tout bas
je t'aime alors aime moi.

Et même si tu n'es plus là
je pense encore à toi
même si je sais que tu ne reviendras pas
car j'en voulais trop de toi.

Maintenant, tu n'es plus là
car tu ne voulais pas
vivre cet amour au grand jour
je fais donc tout pour retrouver l'amour.

La rime embrassé.

Toute la journée
dans le silence, je me suis plongé
mes pages, j'ai noirci
et mon orthographe, j'ai enrichi.

Mais lorsque tu arrives
mes histoires, je ne peux plus suivre
et je tourne le dos
à mon écran sur mon bureau.

Tu es mon inspiration
ma véritable passion
et je ne peux détourner les yeux
pas même pour regarder les cieux.

Les idées me viennent
il faudra que je m'en souvienne
car les crayons, j'ai lâché
pour toute la durée de la soirée.

Entré dans le lit
enfin une idée où tu souris
la nuit est arrivée
et les carnets se sont éloignés.

Amour.

Aujourd'hui, je t'ai encore croisé
mais tu m'as ignoré
j'essaye de t'oublier
mais je ne peux pas y arriver.

Maintenant, tu restes dans un coin
tu me boudes chaque matin
tu fais tout pour être hors de porter
pour que je ne puisse pas te toucher.

Ou est-ce pour me faire souffrir
cela te ferait il plaisir
de me voir courir
après ton sourire.

Un jour, tu ne m'attendras pas
je ne rêverais plus de toi
c'est là que l'on se reverra
encore ensemble toi et moi.

Rougir comme la première fois
et reprendre depuis le début
cet amour encore une fois
jusqu'à ce qu'on en puisse plus.

Un dessin discret.

Le soleil se lève
et je fais semblant de dormir
je ressens tes lèvres
et même ton doux sourire.

Tu te lèves et tu me regardes
ton fusain à la main
tu dessines ce matin
et doucement, je te regarde.

Tes yeux semblent briller
devant ta feuille de papier
et je reste immobile
pour ton plaisir subtil.

Tu sembles distraite
car tu relèves la tête
doucement de ton pied
la couverture, tu as tiré.

Me dessiner comme ça
depuis longtemps, tu en as rêvé
je m'y étais toujours opposé
aujourd'hui, je reste là.

À contrecœur, je rougis
et tu souris de me voir nu ainsi
nudité depuis longtemps révélée
encore jamais dessiné.

La folie amoureuse.

Venez avec moi dans les ténèbres
n'ayez pas peur de mon sommeil
venez prendre mon cœur
et faite moi souffrir des heures.

Comme une nuit sans étoiles
chaque jour de ma vie se voile
chaque souffrance pour moi est une douceur
qui remplie de bonheur mon cœur.

Cette folie qui est en moi
c'est à toi que je là doit
merci encore pour cette souffrance
qui égaye ton absence.

À jamais elle sera en moi
même quand je ne penserais plus à toi
et que mes draps ne seront plus marqués
de ta présence endiablée.

Mon sommeil, encore, s'agite
et tout doucement mon esprit s'effrite
s'il te plaît, reviens encore une fois
pour pouvoir repartir sans moi.

En plein cœur de la nuit
je vois ton immense sourire
et ce doux plaisir enfin me fait souffrir
car c'est ainsi que je me sens en vie.

Le pianiste.

Chaque jour, chaque soir
jamais tu ne refuses de me voir
quand je te touche du bout des doigts
je sens une douce chaleur entre toi et moi.

Lorsque je fais des erreurs
tu ne m'en veux pas pendant des heures
et jamais tu ne m'évites
te me pardonne toujours tout de suite.

Même quand la salle est pleine
tu arrives à dissiper mes peines
et je sais à ces moments-là
que je suis le seul qui compte pour toi.

Quand je touche tes différentes octaves
je sais que je ne te fais aucun mal
et je te soupçonne même d'aimer ça
et moi cela ne me gêne vraiment pas.

Tes touches en ivoire
me font rêver chaque soir
et demain, je reviendrai plutôt
pour m'asseoir et jouer du piano.

Éros.

Le monde des hommes me fait peur
leurs violences attristent mon cœur.
J'ai ouvert mes ailes de nacre
et j'ai lâché mon arc.

Je me suis envolé
les cieux, j'ai traversé
au loin, je suis allé
pour vivre un rêve éveillé.

Dans mon palais d'or
je contemple l'aurore
avec l'infime espoir
de pouvoir la revoir.

Car durant m'a traversé
dans une forêt, je l'ai croisé
je ne me suis pas approché
de crainte, de l'effrayer.

Mais je n'arrive plus à l'oublier
de mon cœur, elle s'est emparée.
Pourrais-je la revoir ?
Cela j'en doute tout les soirs.

L'éternel océan.

Il venait d'entrer
dans sa dix-huitième année
le visage encore imberbe
ça le rendait presque superbe.

Ses cheveux ébouriffés
cachait un visage émerveillé
assis devant l'océan
il me dit tendrement.

Quand l'été sera là
me ramèneras-tu là ?
Je ne savais pas quoi lui dire
alors je n'ai fait que lui sourire.

La nuit allait arriver
alors l'océan, on a quitté
sur la route pendant la nuit
alors que tu étais endormie.

Je me suis arrêté
pour te contempler
je ne voulais pas te réveiller
mais c'est là que tu m'as embrassé.

Lorsque l'été fut arrivé
toi pour toujours, tu m'as quitté
je restais là devant l'océan
à rêver de ces années d'avant.

L'amour de la patience.

La nuit vient de se lever
et moi, je reste éveiller
l'obscurité ne pourra pas m'ensevelir
tant que j'aurais ton souvenir.

Ce matin, tu es partie
et tu m'as dit que nous, c'était fini
dans les bras d'un autre, tu t'es réfugié.
Je reste seul avec mon oreiller.

Je repense à toutes ces années
où on se jurait de toujours s'aimer
devant un soleil en sursis
toujours et tu m'as souri.

Et maintenant que le soleil va se coucher
plus jamais tu ne vas m'aimer
j'aurais aimé encore une fois
tendrement te serrer contre moi.

Dix ans se sont écoulés
sans que je puisse t'oublier
les autres, tu les as accumulés
penses-tu encore pouvoir m'aimer ?

N'attends pas que je te dise oui
pour pouvoir revenir ici
et je t'attendrais même dans mon malheur
jusqu'à ce que cesse de battre mon cœur.

Le grand amour.

Je vais vous raconter une histoire
que je gardais dans le fond d'un tiroir
loin de tout les regards
et que je ne voulais plus revoir.

C'est l'histoire d'une jeune fille
qui aime tout ce qui brille
mais dans son regard
on pouvait apercevoir.

Une immense tristesse
qui ne s'apaisera pas d'une caresse
car son amour perdu
est dans ses rêves ténus.

Chaque nuit
elle rêvait de lui
et chaque jour elle pleurait
car jamais elle ne le reverrait.

La maladie les avait séparées
mais jusqu'à la fin
elle n'avait pas cessé de l'aimer
jusqu'à cet horrible matin.

La sensation de l'abandon
ne la quittait plus
qu'elle horrible sensation
et elle pensait qu'elle n'aimerait plus.

Les années ont passé
et le cadre avec sa photo
orne toujours son bureau
mais elle s'est remise à aimer.

L'étincelle du courage.

Le soleil s'est levé
devant toi, je me suis avancé
pour dire ma triste vérité
mais face à ton regard, je suis bloqué.

Je joue avec les mots
et je bafouille
pire, je m'embrouille.

Je voudrais être courageux
mais devant toi, je suis peureux
mais tu veux entendre ces mots.

Mais je ne peux les dire
pour cela, tu vas me maudire
et avec raison
car mon courage me fait faux bond.

Miroir.

Je suis ivre, mon frère
car je voulais oublier la terre
mais cette migraine d'enfer
m'empêche de fuir dans les airs.

Un verre à la main
assis, tu ne dis rien
tu restes là à me regarder
comme un reflet enchanter.

Fixer par ton regard
j'ai conscience de mon désespoir
et si je plonge dans le noir
seras, tu ma lueur d'espoir ?

Je suis ivre, mon frère
je voudrais m'écrouler par terre
mais je reste assis sans rien faire
juste à te regarder mon frère.

Enfin, par terre, je suis tombé
toi aussi, tu t'es écroulé
je veux voir ton regard
mais je ne vois que tes pieds dans le miroir.

Fièvre.

Cette nuit encore sur toi, je veille
que c'est long une nuit sans sommeil
cela semble duré une éternité
comme si le soleil n'allait jamais se lever.

Te voir respirer me soulage
même si tu es en nage
et que ta sueur perle sur ton visage
je reste là bien sage.

Je lutte pour ne pas partir
je baille, je vais bientôt dormir
je me bats contre moi-même
pour veiller la personne que j'aime.

Encore une heure à tenir
ensuite, je pourrais me laisser partir
car tu vas te réveiller

et je n'aurais plus à te veiller
jusqu'à ce que le soleil
parti au loin te redonne sommeil.

Amour nocturne.

Il est vingt-trois heures sept
et je me sens si bête
tu voudrais faire la fête
et je reste là à faire la tête.

Je me lève et m'approche
ma pauvre, tu as l'air d'une cloche
tu me traites de sale con
je te dis ça va, c'est bon.

On se calme en silence
je veux te prendre la main, patience
tu me prends la main, souriante
tu me mords la lèvre, méchante.

Vingt-trois heures dix-sept
tu ne veux plus faire la fête
tu te sens bête
et on reste en tête-à-tête.

Tu me traînes vers le lit
tu enlèves nos habits
et même si je n'en ai pas envie
tout deux, ont ce blotti, endormi.

Europe.

Elle sort du lycée
au loin, elle voit l'être aimé
Zed en train de folâtrer
avec un groupe de fille enjouer.

D'un pas rapide, il s'avance
l'attrape par la hanche
il tente sa chance
et fixe un crocus à sa manche.

En regardant ses yeux bleus
elle croit traverser les cieux
sans hésiter, elle monte sur sa moto
et se serre contre son dos.

À toute vitesse
les rues, ils traversent
comme s'ils voulaient fuir
leurs insatiables désirs.

Dans sa chambre, ils sont arrivés
et son corps finement sculpté
révèle sur sa peau tatouée
un taureau blanc nacré.

Face à sa beauté
elle se croit en train de rêver
lui hésite à approcher
mais voudrait la couvrir de baiser.

Comme lorsqu'ils se sont avoués
le fait de s'aimer
sous ce platane
en espérant que jamais il ne fane.

Tu n'es plus là.

La lumière entre dans la chambre
et l'illumine d'une teinte d'ambre
Ça fait trente ans que tu n'es plus là
mais je sens ta présence parfois.

Seul dans cette salle de bains
je ne te vois plus dans le miroir
je ressens le froid de tes mains
toujours accompagner par le désespoir.

Je n'écoute plus tes accords
tes chanson plein de bonheur
je sais que c'est un tort
mais cela plonge mon cœur dans le malheur.

Mais avec ce nouveau jour qui se lève
je sens disparaître ma peine
doucement, je me relève
et je me souviens que je t'aime.

Europa.

Tu m'as fait perdre mon innocence
de peur d'y consacrer ma vie
j'ai fui ton adorable existence
et j'ai traversé les galaxies.

J'ai contemplé les merveilles de l'univers
jusqu'au cœur des astres stellaire
mais lorsque je ferme les yeux
seul ton visage me rend heureux.

Europa, Europa
je reviens vers toi
Europa, Europa
je ne peux plus vivre sans toi.

Du bout du doigt, je dessine ton visage
mais je crains qu'il ne soit qu'un mirage
j'avance à travers la lumière
à une vitesse extraordinaire.

Lorsque j'arriverais sur Terre
je sais que tu seras là
et je referais tout pour te plaire
pour que tu me reprennes dans tes bras.

Séparation divine.

Séparer par une volonté
que l'on ne peut pas contrôler
tu as chuté dans l'éternité
toi qui voulais continuer d'exister.

Plus jamais nous ne pourrons parler
et dans les bras de l'autre se réfugier
n'y voir ton si beau sourire
ou entendre ton si joli rire.

Tu m'as quitté pour l'absolu
et même si on y a jamais cru
je me prends à espérer
que finalement, il pourrait exister.

Pour pouvoir s'y retrouver
lorsque ma vie se sera achevée
car malgré les années
au fond de moi, je continuerais de t'aimer.

Car durant les futures années
d'autres amours viendront me chambouler
mais rien ne me fera oublier
la douce nostalgie de notre passé.

Naissance de l'amour.

Te voir chaque jour
c'est ressentir une nouvelle fois
ce sentiment comme pour la première fois
comme au premier jour.

Je l'ai pourtant déjà connu
amadouer, et même perdu
mais ta simple présence
me renvoie aux portes de l'adolescence.

Alors apprends-moi ce sentiment
moi qui suis comme un enfant
aide-moi à redécouvrir
cette infini plaisir.

Je m'approche, mon cœur s'accélère
je ferais tout pour te plaire
mais je n'ose pas te parler
pour t'avouer mes pensées.

Je reste à l'écart sagement
je t'observe et j'attends
juste le bon moment
pour t'avouer mes sentiments.

Le bal des sentiments.

Comment choisir entre deux amours
entre celui que j'ai
et celui que je voudrais
comment distinguer le véritable amour.

Quand c'est avec lui
je cède à chaque mot qu'il me dit
et je ne peux résister
à ses sulfureux baisers.

Quand c'est avec elle
je me sens si frêle
et je perds tous mes moyens
comme face à un être divin.

Quand je cède au désir
j'entends mon cœur qui soupire
quand je fonds de plaisir
je sens mon esprit souffrir.

Mon cœur en deux se déchire
et je n'arrive plus à réfléchir
et encore moins à choisir
entre ces deux amours qui me désirent.

Première nuit d'été.

Nous, plonger dans l'obscurité
traversés par un vent léger
seuls dans la chambre
je le sens, tu trembles.

Tu t'accroches à mes bras
je te murmure tout bas
tu te caches les yeux
avec une mèche de cheveux.

Tes doigts parcourent ma peau
tes yeux sont si beaux
tu finis par sourire
en succombant au plaisir.

Nos langues se chevauchent
tes mains glissent sur mes hanches
comme moi, tu as froid
mais tu ne veux que moi.

Tu ne veux pas fermer la fenêtre
tu ne veux que la chaleur de mon être
car nos deux cœurs
s'embrasent de bonheur

Tu relâches ton étreinte
et laisses la lumière éteinte
j'aimerais te voir dans la lumière
mais dans le noir, tu nous préfères.

Souvenir du premier amour.

Je me souviens de ce sentiment
que je crois d'un autre temps
déjà si lointain
comme la première lueur du matin.

Je me souviens de nos nuits
de la chaleur de ton souffle
et de la fin de ces nuits
lorsque nous étions à bout de souffle.

Je me souviens de tes soupirs
de tes rêves et tes désirs
se qui te faisait souffrir
et se qui te faisait plaisir.

Je me souviens de toi
tout, comme tu te souviens de moi
et je me rappelle de ton corps
que je parcourais comme de l'or.

Et même si, nous n'en sommes plus là
nos sentiments sont encore là
avec nos beaux souvenirs
et ces instants de plaisir.

Deuil.

Obscurité, dans mon cœur
je crains de ne point trouver le bonheur
de l'aube qu'une lueur
pour percer mon malheur.

Disperser vous mes ténèbres
que sonne votre horizon funèbre
je ne veux plus de vos humeurs
qui morcelle mon bonheur.

La nuit s'efface
le jour prend place
mais dans mon être
l'obscurité reste maître.

Fin d'été.

Je nous revois assis
au sommet des collines
où l'amour nous avais surpris
et unis pour quelques lignes.

Lignes, d'un journal intime
trop vite remplie et oublier
ces moments sublimes
qui me font encore rêver.

Sur la colline, je vois
le soleil qui disparaît
et doucement, ton visage m'apparaît
plus clairement que ta voix.

Dont je me souviens
l'éclat de ton rire
la finesse de tes mains
et tes longs soupirs.

Leurs regards.

Le vent se lève
sur nos corps en sueur
de nos mains, on réalise nos rêves
de nos lèvres, j'efface nos peurs.

Le soleil peut venir
rien ne pourra nous séparer
même s'ils nous font souffrir
nous continuerons de nous aimer.

Une fois de plus, nous succombons au plaisir
dans la nuit, je devine ton sourire
dans ton regard, je me réfugie
et dans tes bras, je me réjouis.

Le soleil nous fait revivre
après une nuit de tendresse
et même si la peur nous traverse
il faut tenter de vivre.

Dernier moment.

Bonheur, où je pose mon regard
en ce lieu découvert au hasard
radieux est ton sourire
libérateur, le son de ton rire.

Je ne saurais souffrir
de ces moments partager
où l'on a connu tant de plaisir
sans jamais le regretter.

Mais le soleil se couche
sur ma vie et ces instants
et que la grâce de la nuit me touche
pour me rappeler ces doux moments.

Car je le sens, je pars
et il n'y a plus d'espoir
mais je me souviens de ton rire
qui, en ce triste moment me fait sourire.

Au fil des saisons.

Le soleil au loin disparaît
cacher par les collines
je savoure le vent frais
qui portent les arômes de la vigne.

Tout comme la nuit, l'automne approche
mais mon printemps continue
encore dix ans en poche
avant que l'heure de mon été ne soit venue.

Si loin de moi est mon hiver
pourtant, son idée me fait frémir
mais le soleil et la chaleur de l'air
me ramène en ces temps de plaisirs.

Les étoiles illuminent le ciel
pour fêter la fin de ce jour
et moi, je reste là, je veille
à pensée au bonheur de ces prochains jours.

Le chemin de la facilité.

Je marche sur le sentier
que j'ai malheureusement abandonné
et depuis trop longtemps oublier
en quête de nouvelles idées.

Mais l'inspiration m'ignore
je ne peux lui donner tort
car j'ai moi-même choisi le chemin
qui m'a écarté de mon destin.

J'ai voulu entrer dans un carcan
tendu par tout ces bien-pensants
je me suis incliné pour être accepté
abandonnant mon originalité.

Aujourd'hui, je reprends la route
qu'importent mes nombreux doutes
qu'importent vos attentes, vos vœux
J'écrirais ce que je veux.

Je t'aime.

Assis au bord de l'eau
je contemple nos reflets
ton visage est si beau
tu redoutes, sur moi, ses effets.

Je n'ose plus te le répéter
te le susurrer ou le hurler
tant de fois, je l'ai prononcé
que tu ne veux plus m'écouter.

Malgré la chaleur, je me colle contre toi
je t'emprisonne de mes bras
tu rêverais d'avoir froid
et je t'embrasse mille fois.

Tu abandonnes toute résistance
et même si tu me tournes le dos
enfin, tu me souffles les mots
que j'ai attendu avec tant de patience.

Un été au bord de l'eau.

Ton visage si sublime
m'inspire mille et une rime
je n'ose en détourner le regard
de peur de me perdre dans un épais brouillard.

Ta sueur perle et roule sur ta peau
et tes doigts effleurent l'horizon de l'eau
plein de désirs, mais je reste muet
préserver cet instant est mon seul souhait.

Tu finis par ouvrir les yeux
tu me fais signe d'approcher
j'hésite, arriverais-je à te rendre heureux
comme je les tends rêver.

Assis près de toi, je brûle de désir
tu veux me faire attendre
au prétexte que j'ai encore à apprendre
mais je te vois prêt à succomber au plaisir.

Ses yeux violet.

Dans l'arbre, je vois une ombre
qui me jette un regard sombre
il se révèle en restant muet
et moi, je me perds dans ses yeux violets.

Lentement, il me tend une main
que je saisis et sur sa branche le rejoins
son regard se détourne du mien
et contemple l'horizon d'un air serein.

Sa peau de nacre brille au soleil couchant
et je n'ose prononcer le moindre mot
pas même mes sentiments
qui pourrais troubler ce jeune marmot.

Aux premières étoiles, son regard s'assombrit
mais je le vois, il me sourit
je ne comprends pas ses pensées
qu'il aimerait tant partager.

Esdras.

Après tant de mots écrits
j'ai peur de sombrer dans l'oubli
le même qui subitement t'a pris
et qui au loin me sourie.

J'ai appris tant de choses
pour améliorer ma prose
mais rien pour ignorer la douleur
qui transperce mon cœur.

La douleur d'être sans toi
chaque jours de mon existence
mais chaque pensée que j'ai pour toi
est pour moi une délivrance.

Car j'ai jeté les regrets
et garder chaque instant de joie
tout nos rêves et tous nos souhaits
mais pas le doux son de ta voix.

Volcan.

Antique cracheur de feu
ton réveil nous rend malheureux
ta lave plus belle que grenat et rubis
illumine les heures les plus sombres de la nuit.

Tu obscurcis de ton souffle sulfureux,
un ciel qui jadis fut si bleu
tu déploies tes fumés pestilentiels
pour dissimuler notre ciel.

Tu grondes et rugis sans répit,
nous fuyons en quête de survie
quand cesseras-tu de cracher ?
Que nous retrouvions notre douce contrée.

Sans titre 1.

Vaguelette ondulatoire de mes sentiments
ma main, lente et douce sur ta peau
console tes tristes tourments
et me révèle ton sourire si beau.

Sans titre 2.

Elle se croit universelle, la pensée
et pense détenir la seule vérité
mais en faisant le débat des idées
comprends qu'elle ne fera jamais l'unanimité.

Temps immuable.

Ce soir le temps
est si lent à passer
que je le vois s'écouler.

TABLES DES MATIERES

© 2023 Benjamin Robineau
Édition : BoD - Books on Demand, info@bod.fr
Impression : BoD - Books on Demand, In de
Tarpen 42, Norderstedt (Allemagne)
Impression à la demande
ISBN : 978-2-3224-6850-8
Dépôt légal : Juillet 2023